뻔히 보여서
옆집 금쪽이도
이해하는 영문법

배강석 지음

YOU CAN DO IT!

JUST DO IT!

어설픈 시작은 문법을 망친다!
가장 중요한 영문법 첫 수업!

힘움

뻔히 보여서 옆집 금쪽이도 이해하는 영문법

1판 1쇄 발행 2024년 2월 29일

지은이 배강석

교정 주현강 **편집** 이새희
마케팅 · 지원 김혜지

펴낸곳 (주)하움출판사 **펴낸이** 문현광

이메일 haum1000@naver.com **홈페이지** haum.kr
블로그 blog.naver.com/haum1000 **인스타** @haum1007

ISBN 979-11-6440-474-2(13740)

이 정도 수준의 문장들을 완벽하게 분석하고, 정확하게 해석하실 수 있나요?

1. In a forest in Korea, a small bird named Bella lives.

2. Because she is a little bird, she cannot fly high.

3. She often looks at the sky and really wants to touch the clouds.

4. One day, she sees a box under a flower near her tree.

5. There is a book in the box.

6. Eden Eagle wrote it.

7. Bella loves reading and starts to read the book right away.

8. She learns about different ways to fly high in the sky.

9. With every page, her wish to fly grows stronger.

10. She reads the whole book in one sitting.

11. Bella plans to try flying again tomorrow.

12. The next morning, Bella stands on a branch.

13. She is ready and feels good.

14. She flaps her wings hard, but she falls onto the soft grass.

15. But Bella does not give up.

16. She gets up and tries again.

17. She falls on the grass again.

18. Bella is frustrated but never gives up.

19. She tries again and again until she can fly and touch the clouds.

20. Bella finally flies high into the sky.

21. She looks down at her forest home from above with joy.

이 교재를 잘 공부하면,
완벽하게 분석하고 정확하게 해석하실 수 있습니다.

* 정답은 이 책의 마지막 페이지에서 확인하실 수 있습니다. ☺

CONTENTS

서문   _7

교재 활용법   _10

플래시 카드 암기법   _10

Intro. 어렵지만 용어는 기본   _14

Part ❶ 문어발 품사

Chapter 01 명사   _18

Chapter 02 대명사   _24

Chapter 03 동사   _27

Chapter 04 형용사 + 05 부사   _30

Chapter 06 전치사   _32

Chapter 07 접속사   _33

Chapter 08 감탄사   _34

연습문제   _35

Part ❷ 문장 성분

Chapter |01| 주어 _41

Chapter |02| 동사 _48

Chapter |03| 보어 _60

Chapter |04| 목적어 _62

Chapter |05| 목적격 보어 _66

Chapter |06| 수식어 _70

Part ❸ 문장 분석 및 해석

Chapter |01| be 동사 _76

Chapter |02| 감각 동사 + 상태 동사 _80

Chapter |03| 조동사 _82

Chapter |04| 일반 동사 _86

마지막 테스트 여러 가지 문장을 분석하고 해석해 보기 _91

부록 시제 + 예외적인 문장 구조

Chapter 01 미래 시제 _102

Chapter 02 현재/과거 진행 시제 _103

Chapter 03 현재(과거) 완료 _104

Chapter 04 목적어가 2개 필요한 동사 _106

Chapter 05 명령문 + 청유문 _108

Chapter 06 의문사 의문문 _110

나오는 글 _112

서문

▶ 강의 영상 보기

대한민국에서의 영어는 학교나 직장에 들어가기 위해서
꼭 공부해야 하는 과목입니다.
학교나 직장에서 요구하는 최소 점수는 받아야
입학원서나 입사지원서라도 쓸 수 있는 것입니다.
안타까운 일이지만 한국에서는 결과(점수) 없이는 과정을 인정받기가 어렵습니다.
그것도 빨리 결과(점수)를 내는 것을 요구합니다.
누구든지 한국에서 어떤 형태의 영어 시험(내신, 수능, 토익, 토플…)을 본 적이
있다면, 문법 공부 없이는 고득점(결과)이 불가능하다는 것을 잘 아실 겁니다.

영어 시험 고득점의 중심에 문법이 있다!

영어에는 왕도(There is no royal road to learning English.)가
없다고 말합니다.
영어를 하려면 누구나 공부를 해야 합니다.
그러나 분명히 올바르고 효과적인 길은 있습니다.

토익을 준비하는 두 명의 학생이 있다고 가정해 봅시다.
둘 다 비슷한 배경지식과 지능을 가지고 있고 동일한 시간을 공부했습니다.
다른 점은 한 사람은 독학을 했고,
한 사람은 아주 유명한 토익 강사의 과외를 받았습니다.
여러분은 어느 학생의 점수가 더 높게 나올 것이라고 예상하십니까?
혹시나 과외를 받은 학생이 더 좋은 점수를 받을 것이라고 생각하셨다면,
그건 분명히 영어 시험을 공부할 때
더 좋은 결과를 받을 수 있는 길이 있다고 생각한다는 증거입니다.

영어를 공부하는 효과적인 방법은 분명히 있습니다.
그리고 그 효과적인 방법으로 시작하는 것은 너무 중요합니다.
저의 목표는 이 책을 통해서
여러분이 '가장 효과적인 영어 공부 고속도로'의 시작점에
설 수 있도록 하는 것입니다.

이렇게 중요한 문법인데, 많은 사람이(심지어는 선생님들조차)
첫 단추를 너무나도 허술하게 채우는 경우를 보았습니다.

축구 용어를 하나도 모르는 사람이 월드컵 중계를 보면 어느 팀이 이기고 있고,
어느 팀이 지고 있는지는 알 수 있습니다.
그러나 경기가 어떻게 진행되는지 자세한 상황은 이해할 수 없습니다.
월드컵을 제대로 즐기려면 최소한의 축구 용어는 알고 있어야 합니다.

"하려면 제대로 해서 잘하자!"

이왕 문법 공부를 해야 하는 거라면 학생들이 첫 단추를 잘 채워서
(저는 이 첫 단추가 문법 용어의 이해와 문장 구조를
볼 수 있는 눈을 가지는 것이라고 생각합니다.)
영어 공부라는 긴 여정을 잘 걸어갈 수 있도록 이해하기 쉽고
효과적으로 공부할 수 있는 문법 교재를 만들어야겠다고 생각했습니다.

저는 대학에서 2개 외국어의 문법(영어, 그리스어)을 공부했습니다.
그리고 한국으로 와서 10년 동안 영어 교수법과 여러 가지 공부법을 연구하면서
영어 문장 분석과 해석을 정확하고 쉽게 할 수 있도록
수학 공식처럼 만들었습니다.

약속합니다.

이 교재에서 설명하는 문법 용어를 이해하고 암기한 후에
문장 공식을 암기하고 나면,
기초적인 영어 문장을 정확하게 분석하고
해석할 수 있는 기적을 경험하실 수 있습니다.

You can do it!

Just do it!

교재 활용법

① 교재를 먼저 잘 읽어 보고, 나만의 필기 공간에 내용을 정리합니다.

② 그리고 연습 문제를 스스로 풀고, 채점을 합니다.

③ 영상 수업을 보면서 배운 내용을 잘 이해했는지 체크합니다.

④ 암기해야 할 부분들은 플래시 카드 만들어서 암기합니다.

　(꼭 암기해야 할 내용들은 따로 표시했습니다)

플래시 카드 암기법(영상을 참조해 주세요)

① 시중에서 구할 수 있는 플래시 카드를 구매합니다.

　저는 개인적으로 Double A사의 메모지를 사용합니다.

　이 메모지에 펀치로 구멍을 내고, 카드 링에 넣어서 사용합니다.

▶ 강의 영상 보기!

② 암기해야 할 내용을 뒤쪽에 써 주고,

　앞쪽에는 그 내용을 연상할 수 있는 내용을 씁니다.

　만약에 apple(사과)의 스펠링을 외우려고 한다면,

　앞쪽에는 '사과'라고 쓰고, 뒤쪽에 apple을 쓰면 됩니다.

③ 스스로 공부하면서 잘 외워지는 단어는 조금 덜 공부해도 되고,

　　잘 외워지지 않는 단어는 조금 더 공부하는 방식으로

　　자기만의 스타일을 만드시면 됩니다.

　　15~20분 정도 공부할 수 있는 자신만의 카드 분량을 정하고,

　　항상 그 정도 카드를 만들어서 유지하시면 됩니다.

　　(항상 입으로 소리 내어 공부하시기 바랍니다.)

④ 다음 날 공부를 시작하기 전에 카드 셀프 테스트를 먼저 보고 시작합니다.

　　(전날 공부한 플래시 카드를 테스트 직전에 절대로 복습하지 않습니다.

　　학습의 목표는 장기 기억화하는 것인데, 직전에 공부를 하면

　　자신이 맞춘 카드가 장기 기억 속으로 들어간 것인지,

　　잠시 공부해서 단기 기억으로 맞춘 것인지 알 수가 없기 때문입니다.)

⑤ 셀프 테스트를 해서 맞춘 카드와 틀린 카드를 나눕니다.

　　맞춘 카드들은 따로 모아서 보관합니다.

　　(1주나 2주일 정도 분량이 모이면 복습해야 합니다.)

⑥ 틀린 카드들은 오늘 공부해서 만들 카드들과 함께 모아 다시 공부하면 됩니다.

PART

1

문어발 품사

어렵지만 용어는 기본

문법 용어는 모두 한자로 되어 있어서 한자에 익숙하지 않거나

국어 문법 공부를 하지 않은 분들에게는 어렵게 느껴질 수밖에 없습니다.

그렇다고 문법 용어들을 대충 알고 문법 공부를 할 수는 없습니다.

문법 용어는 가르치는 사람과 배우는 사람들이 함께 사용하는 언어와도 같습니다.

언어를 모른다면 의사소통이 불가능합니다.

그래서 기본적인 문법 용어를 이해하고 암기하지 않고서는

원활한 문법 수업 진행이 어렵습니다.

Part 1 + 2에서 가장 기본적인 문법 용어에 대해서 설명했습니다.

충분히 이해하고 암기하시기 바랍니다.

Part 3 + 부록은 배운 내용을 가지고 실제로 문장을 분석도 해 보고,

해석을 하는 연습을 해 보겠습니다.

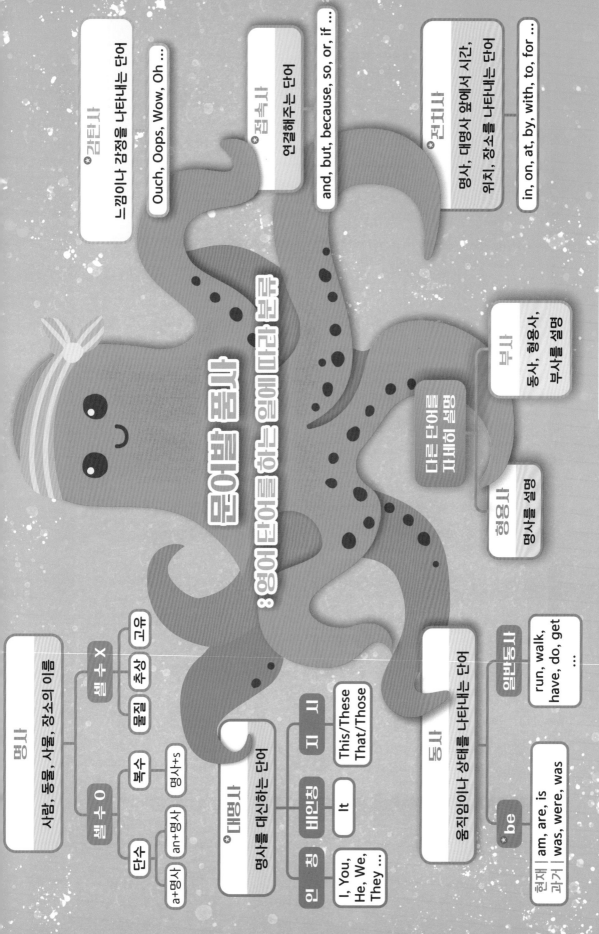

Part ① 문어발 품사

▶ 강의 영상 보기!

 암기!

품사란? 영어 단어를 하는 일에 따라 분류

품사는 단어를 분류하는 시스템이라고 생각하시면 쉽습니다.

마구잡이로 분류하는 것이 아니고 기준이 있는데,

그 기준이 '단어가 하는 일'입니다.

단어가 어떤 일을 하는가에 따라 8가지 품사로 분류하는 것입니다.

예를 들어, 어떤 단어가 사물의 이름을 나타내면

그 단어는 명사로 분류하는 것입니다.

(desk – 사물의 이름 = 명사)

다음과 같은 방법으로 품사를 구분하시면 좀 더 효과적으로 공부할 수 있습니다.

① 개수가 많지 않은 품사들

대명사, be 동사, 전치사, 접속사, 감탄사

이 품사들에 속한 단어들은 암기해서 보는 순간 품사를 구분할 수 있도록 합니다.

② 개수가 많은 품사들

명사, 일반 동사, 형용사, 부사

이 품사들에 속한 단어들은 새로 배울 때마다

품사도 함께 암기해서 다음에 다시 봤을 때

바로 품사를 구분할 수 있도록 합니다.

그렇게 단어 공부할 때 품사도 함께 공부하다 보면 감각이 생겨서

새로운 단어를 만나도 어떤 품사인지 추측할 수 있습니다.

이제 본격적으로 품사를 하나씩 공부해 봅시다!

나만의 필기

Chapter 01 명사

▶ 강의 영상 보기

하늘 sky

해 sun

구름 cloud

건물 building

풍선 balloon

산 mountain

자동차 car

나무 tree

어린이 child

엄마 mom

강 river

길 path

잔디 grass

꽃 flower

옆집 금쪽이 영문법

사람, 동물, 물건, 장소 등의 이름.

<u>모든 것의 이름</u>이라고 생각하시면 됩니다.

영어 단어 중 가장 많고, 우리 눈에 보이는 거의 모든 것이 명사입니다.

지금 보고 있는 책, 전화기, 컴퓨터, 친구, 이 모든 것이 명사입니다.

영어에서 명사는 셀 수 있는 명사인지 셀 수 없는 명사인지 분류해야 합니다.

셀 수 있는 명사와 셀 수 없는 명사들을 직접 보시면서

감각을 익혀 보시기 바랍니다.

셀 수 있는 명사

desk (책상)	sock (양말)	box (상자)	pants (바지)	cup (컵)
pencil (연필)	eraser (지우개)	school (학교)	toy (장난감)	airport (공항)
book (책)	bus (버스)	friend (친구)	teacher (선생님)	monkey (원숭이)
lion (사자)	zoo (동물원)	computer (컴퓨터)	smartphone (스마트폰)	

셀 수 없는 명사

love (사랑)	sky (하늘)	air (공기)	water (물)	coffee (커피)
rice (쌀)	sugar (설탕)	salt (소금)	bread (빵)	chocolate (초콜릿)
May (5월)	Monday (월요일)	soccer (축구)	Korea (한국)	Kevin (케빈: 사람 이름)

1-1 셀 수 있는 명사

셀 수 있는 명사는 다시 단수(1개)와 복수(여러 개)로 분류합니다.

● 단수는 명사 앞에 a/an(하나의)을 붙여 줍니다.

a + 명사	명사의 발음이 자음으로 시작하는 경우 자음은 모음(a, e, i, o, u)을 제외한 다른 알파벳.
an + 명사	명사의 발음이 모음(a, e, i, o, u)으로 시작하는 경우

예) a banana (바나나 하나), a friend (친구 한 명), a pen (펜 하나), a cumputer (컴퓨터 한 대),

an apple (사과 하나), an onion (양파 하나), an egg (계란 하나), an umbrella (우산 하나),

an hour (한 시간, h가 소리 나지 않아서 발음이 o로 시작)

● 복수는 명사 뒤에 s를 붙여 줍니다.

대부분의 명사	명사 + s
명사가 - s, -sh, -ch, -x로 끝나면	명사 + es
명사가 자음 + y로 끝나면	y를 i로 바꾸고 + es
명사가 자음 + o로 끝나면	명사 + es
명사가 f 나 fe로 끝나면	f 나 fe 를 ves 로 바꾼다
단수와 복수가 같은 명사	외워야 해요 (fish, sheep, deer)
복수의 형태가 불규칙하게 변형	외워야 해요 (foot - feet, child - children)

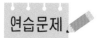

연습문제

정답은 23페이지에!

단수	복수	단수	복수
__ boy (1명의 소년)	four _____ (4명의 소년들)	__ fish (물고기 1마리)	five _____ (물고기 5마리)
__ egg (계란 하나)	four _____ (계란 4개)	__ friend (친구 한 명)	five _____ (친구 5명)
__ bus (버스 1대)	two _____ (버스 2대)	__ dish (접시 1개)	three _____ (3 접시)
__ umbrella (우산 1개)	nine _____ (우산 9개)	__ hour (1시간)	six _____ (6시간)
__ banana (바나나 1개)	eight _____ (바나나 8개)	__ peach (복숭아 1개)	five _____ (복숭아 5개)
__ church (교회 1개)	two _____ (교회 2개)	__ box (박스 1개)	six _____ (박스 6개)
__ story (이야기 1개)	three _____ (이야기 3개)	__ sheep (양 1마리)	four _____ (양 4마리)
__ man (남자 1명)	eleven _____ (남자 11명)	__ baby (한 아기)	nine _____ (9명의 아기들)
__ tooth (이 1개)	eight _____ (이 8개)	__ octopus (문어 1마리)	three _____ (문어 3마리)
__ pencil (연필 1자루)	six _____ (연필 6자루)	__ child (어린이 1명)	twelve _____ (어린이 12명)
__ wolf (늑대 1마리)	four _____ (늑대 4마리)	__ tomato (토마토 1개)	eight _____ (토마토 8개)
__ toy (장난감 1개)	five _____ (장난감 5개)	__ leaf (나뭇잎 1개)	ten _____ (나뭇잎 10장)
__ cup (컵 1개)	three _____ (컵 3개)	__ onion (양파 1개)	two _____ (양파 2개)
__ knife (칼 1자루)	seven _____ (칼 7자루)	__ foot (발 하나)	two _____ (두 발)

1-2 셀 수 없는 명사

항상 단수형을 쓰고, a/an을 붙이지 않고, 명사 뒤에 s도 붙일 수 없습니다.

물질 명사

일정한 형태가 없는 물질을 나타내는 명사.

예) water (물), juice (주스), bread (빵), air (공기), salt (소금), sugar (설탕), flour (밀가루)

* 셀 수 없는 물질 명사를 세는 방법

셀 수 없는 물질 명사를

셀 수 있는 명사에 담아서 셀 수 있습니다.

예) 셀 수 없는 물질 명사인 물(water)을 셀 수 있는 잔(glass)에 담아서

잔(glass)을 세면 됩니다. 여기서 잔을 셀 수 있기 때문에 세어 주어야 합니다.

- 물 한 잔 (a glass of water)
- 커피 한 잔 (a cup of coffee)
- 빵 한 덩어리 (a loaf of bread)
- 피자 한 조각 (a piece of pizza)
- 초콜릿 바 하나 (a bar of chocolate)

물 두 잔 (two glasses of water)

커피 세 잔 (three cups of coffee)

빵 두 덩어리 (two loaves of bread)

피자 세 조각 (three pieces of pizza)

초콜릿 바 5개 (five bars of chocolate)

추상 명사

눈에 보이지 않고, 손으로 만질 수 없지만 존재하는 것들에 붙여 놓은 이름.

예) peace (평화), love (사랑), beauty (아름다움, 미), friendship (우정), faith (믿음), justice (정의),

　　pride (자부심)

옆집 금쪽이 영문법

고유 명사

세상에 하나밖에 없는 고유한 것들에 이름을 붙여 놓은 것.
첫 글자를 대문자로 쓰는 특징이 있습니다.

예) Korea (한국), America (미국), Seoul (서울), Mike (마이크), Sunday (일요일), Samsung (삼성),
　　Everest (에베레스트), Amazon (아마존), Nike (나이키)

문제해답 Excellent! ☺

21페이지 명사 문제 해답

단수	복수	단수	복수
a boy (1명의 소년)	four boys (4명의 소년들)	a fish (물고기 1마리)	five fish (물고기 5마리)
an egg (계란 하나)	four eggs(계란 4개)	a friend (친구 한 명)	five friends (친구 5명)
a bus (버스 1대)	two buses (버스 2대)	a dish (접시 1개)	three dishes (3 접시)
an umbrella (우산 1개)	nine umbrellas (우산 9개)	an hour (1시간)	six hours (6시간)
a banana (바나나 1개)	eight bananas (바나나 8개)	a peach (복숭아 1개)	five peaches (복숭아 5개)
a church (교회 1개)	two churches (교회 2개)	a box (박스 1개)	six boxes (박스 6개)
a story (이야기 1개)	three stories (이야기 3개)	a sheep (양 1마리)	four sheep (양 4마리)
a man (남자 1명)	eleven men (남자 11명)	a baby (한 아기)	nine babies (9명의 아기들)
a tooth (이 1개)	eight teeth(이 8개)	an octopus (문어 1마리)	three octopuses (문어 3마리)
a pencil (연필 1자루)	six pencils (연필 6자루)	a child (어린이 1명)	twelve children (어린이 12명)
a wolf (늑대 1마리)	four wolves(늑대 4마리)	a tomato (토마토 1개)	eight tomatoes (토마토 8개)
a toy (장난감 1개)	five toys (장난감 5개)	a leaf (나뭇잎 1개)	ten leaves (나뭇잎 10장)
a cup (컵 1개)	three cups (컵 3개)	an onion (양파 1개)	two onions (양파 2개)
a knife (칼 1자루)	seven knives (칼 7자루)	a foot (발 하나)	two feet (두 발)

▶ 강의 영상 보기!

 암기!

대명사는 <u>명사를 대신해서 쓰는 단어</u>입니다.

예를 들어,
나는 오늘 문방구에 가서 연필, 지우개, 책, 자를 샀습니다.
집에 와서 나는 그것들을 엄마에게 보여 주었습니다.
두 번째 문장에서는 '연필, 지우개, 책, 자'를 반복해서 쓰지 않고
'그것들을'이라는 대명사로 대신 사용했습니다.

대명사는 개수가 많지 않기 때문에 모든 대명사를 암기해서
보는 순간 대명사라는 것을 알 수 있도록 하는 것이 효과적입니다.

대명사는 필요에 따라 모양이 조금씩 바뀌는데(격변화),
변화된 대명사의 의미만 잘 외워 두면
변화에 대한 이해가 없어도 큰 문제가 되지 않습니다.

이 표에 쓰인 대명사들은 모두 암기해야 합니다!

인칭 대명사	주격 (~은, ~는, ~이, ~가)	목적격 (~을, ~를)	소유격 (~의)	소유 대명사 (~의 것)
1인칭 단수	I (나는)	me (나를)	my (나의)	mine (나의 것)
2인칭 단수	you (너는)	you (너를)	your (너의)	yours (너의 것)
3인칭 단수	he (그는)	him (그를)	his (그의)	his (그의 것)
3인칭 단수	she (그녀는)	her (그녀를)	her (그녀의)	hers (그녀의 것)
3인칭 단수	it (그것은)	it (그것을)	its (그것의)	없음
1인칭 복수	we (우리는)	us (우리를)	our (우리의)	ours (우리의 것)
2인칭 복수	you (너희는)	you (너희를)	your (너희의)	yours (너희의 것)
3인칭 복수	they (그들은) (그것들은)	them (그들을) (그것들을)	their (그들의) (그것들의)	theirs (그들의 것)
지시대명사	주격 (~은, ~는, ~이, ~가)	목적격 (~을, ~를)	소유격 (~의)	소유대명사 (~의 것)
this/these	this/these 이것은/이것들은	this/these 이것을/이것들을	없음	없음
that/those	that/those 저것은/저것들은	that/those 저것을/저것들을	없음	없음
비인칭 주어 it	날짜, 요일, 시간, 날씨, 거리 등을 표현하는 데 주어의 의미가 사실상 필요하지 않습니다. 그렇지만 주어 자리를 비워 둘 수는 없어서, 비인칭 주어 it을 주어로 둡니다. 자리만 채워 주는 용도로 사용되어 해석은 하지 않습니다. 예) It is rainy. 그것은 비가 와. (X) 비가 와. (O)			

- 주격: 주어로 사용될 수 있는 형태
- 목적격: 목적어로 사용될 수 있는 형태
- 소유격: 뒤에 명사가 따라 나옵니다.

예) my pencil (나의 연필)

- 소유대명사: 뒤에 명사 없이 단독으로 사용됩니다.

예) That's mine. (저것은 나의 것이야.)

Chapter 03 동사

상태나 움직임을 나타내는 단어.

be 동사, 감각/상태 동사, 조동사는 모두 암기하셔야 합니다.

일반 동사는 개수가 많아서 새로운 일반 동사를 배울 때마다 암기하셔야 합니다.

동사를 구분하는 방법은 가르치는 분들마다 조금씩 다릅니다.

그러나 문장 구조에 따라 동사를 4가지로 분류할 수 있습니다.

(문장 구조는 Part 2. 문장 성분에서 좀 더 자세히 다루도록 하겠습니다.)

① be 동사: ~이다, ~한 상태이다, ~하다 / ~에 있다.

	주어 "I" 와 만나면	주어 "You, We, They" 와 만나면	주어 "He, She, It" 과 만나면
현재 시제	am (I'm)	are (You're, We're, They're)	is (He's, She's, It's)
과거 시제	was	were	was

② 감각 + 상태 동사

감각 동사		상태 동사	
동사	의미	동사	의미
look ~	~해 보이다	become ~	~이 되다
sound ~	~하게 들리다	get ~	~하게 되다
smell ~	~한 냄새가 나다	grow ~	~해지다
taste ~	~한 맛이 나다	turn ~	~한 상태로 변하다
feel ~	~한 느낌이 나다		

③ 조동사 (엄밀하게 말하면 동사는 아니고 동사를 도와주는 역할을 합니다.)

조동사	의미
can (could)	할 수 있다, 해도 좋다
may (might)	일지도 모른다, 해도 좋다
will (would)	할 것이다
shall (should)	해야 한다
must	해야 한다

④ 일반 동사 (개수가 많아서 새로운 일반 동사를 배울 때마다 암기해야 합니다.)

자주 사용되는 일반 동사 리스트

do (하다)   say (말하다)   make (만들다)   go (가다)   know (알다)

take (가져가다)   see (보다)   come (오다)   think (생각하다)   want (원하다)

find (찾다)   give (주다)   use (사용하다)   work (일하다)   try (시도하다)

leave (떠나다)   put (놓다)   tell (말하다, 알리다) have (가지다, 갖다, 먹다)

get (얻다, 구하다, 사다)

나만의 필기

암기!

형용사와 부사는 하는 일이 같습니다.

다른 단어(품사)를 자세히 설명합니다.

(수식 혹은 꾸며준다고도 표현합니다.)

 암기!

형용사는 명사를 꾸며 주고,

부사는 동사, 형용사, 또 다른 부사 그리고 문장 전체를 꾸며 줍니다.

형용사는 주로 명사 앞에 위치합니다.

그리고 한국어 의미의 마지막이 'ㄴ'으로 끝납니다.

예) slow snail (느린 달팽이), beautiful flowers (아름다운 꽃들), happy day (행복한 날) …

 암기!

자주 사용되는 형용사

bad (나쁜)	big (큰)	happy (행복한)	old (오래된)	beautiful (아름다운)
good (좋은)	small (작은)	sad (슬픈)	new (새로운)	ugly (못생긴)
fast (빠른)	hot (뜨거운)	clean (깨끗한)	interesting (흥미로운)	
slow (느린)	cold (차가운)	dirty (더러운)	boring (지루한)	

부사의 형태는 주로 형용사에 ly를 붙이면 됩니다.

ex) slow + ly, beautiful + ly, glad + ly ...

- <u>Honestly</u> I didn't say that. (문장 전체 설명)
- He walks <u>slowly.</u> (동사 설명)

- He walks <u>very</u> slowly. (다른 부사 설명)
- The snail is <u>so</u> slow. (형용사 설명)

자주 사용되는 부사

very (매우, 아주)	often (자주)	always (항상)	sometimes (가끔)	never (전혀, 결코)
really (정말로)	quickly (빨리)	slowly (천천히)	well (잘)	easily (쉽게)
almost (거의)	here (여기)	soon (곧)	now (지금)	
hardly (거의 ~하지 않다)				

나만의 필기

PART1 문어발 품사

▶ 강의 영상 보기!

 암기!

명사나 대명사 앞에서 시간, 위치, 장소, 방법 등을 나타냅니다.

개수가 적어서 자주 사용하는 전치사는 모두 암기해야 합니다.

- in the morning (아침에: 시간)
- beside her (그녀 옆에서: 위치)
- at school (학교에서: 장소)
- with a pencil (연필로: 방법)

 암기!

자주 사용하는 전치사

in (안에, 내부에)	on (위에, 상단에)	at (~에)	by (~로, 옆에)	for (~를 위해)
with (~와 함께)	to (~로)	of (~의)	from (~로부터)	about (~에 대해서)

나만의 필기

PART 1 문어발 품사

 암기!

(단어와 단어, 구와 구, 절과 절을) 연결해 주는 단어.

- <u>My mom and I</u> went shopping yesterday.

  (단어와 단어를 연결)

- <u>I like apples but I don't like bananas.</u>

  (문장과 문장을 연결)

- Do you want to <u>watch a movie or play soccer</u> on Saturday?

  (구와 구를 연결)

 암기!

자주 사용하는 접속사

and (그리고)	but (그러나)	or (또는)	so (그래서)
if (만약 ~한다면)	while (~하는 동안에)	because (왜냐하면)	since (~이후에)

나만의 필기

▶ 강의 영상 보기!

 암기!

감정이나 느낌을 나타내기도 하고, 부르거나 대답할 때도 쓰입니다.

문장 내에서 쓰이지 않고, 단독으로 사용됩니다.

- Oops! (이런!)
- Ouch! (아야!)
- Hey! (야! 어이!)
- Yeah! (응! 그래!)
- Hooray! (만세!)

나만의 필기

연습문제

▶ 강의 영상 보기

이 연습 문제를 풀면서 이해가 되지 않는 품사들은
반드시 앞으로 돌아가서 복습하시기 바랍니다.

● 다음 단어들의 뜻을 써보고 품사를 구분해보세요.

예) cat 고양이 - 명사

정답은 다음 페이지에

1. our	2. happy	3. and	4. very
5. dog	6. Oops	7. are	8. study
9. in	10. now	11. love	12. have
13. fast	14. car	15. book	16. because
17. well	18. house	19. walk	20. pizza
21. bored	22. theirs	23. hungry	24. from
25. swim	26. here	27. slowly	28. money
29. is	30. movie	31. yours	32. sad
33. her	34. song	35. run	36. but
37. were	38. quickly	39. with	40. Ouch
41. that	42. pretty	43. am	44. call
45. dirty	46. ball	47. to	48. information
49. was	50. Yeah	51. or	52. baby

35페이지 품사 문제

1. our (우리의 - 대명사: 소유격)

2. happy (행복한 - 형용사)

3. and (그리고 - 접속사)

4. very (아주, 매우 - 부사)

5. dog (강아지, 개 - 명사)

6. Oops (아이고, 이런 - 감탄사)

7. are (이다, 있다 - be 동사)

8. study (공부하다 - 동사)

9. in (안에 - 전치사)

10. now (이제, 지금 - 부사)

11. love (사랑하다 - 동사 / 사랑-명사)

12. have (가지고 있다, 먹다 - 동사)

13. fast (빠른 - 형용사 / 빨리, 빠르게 - 부사)

14. car (자동차 - 명사)

15. book (책 - 명사)

16. because (왜냐하면 - 접속사)

17. well (잘, 좋게 - 부사)

18. house (집 - 명사)

19. walk (걷다 - 동사)

20. pizza (피자 - 명사)

21. bored (지루해하는 - 형용사)

22. theirs (그들의 것 - 소유대명사)

23. hungry (배가 고픈 - 형용사)

24. from (~로부터 - 전치사)

25. swim (수영하다 - 동사)

26. here (여기에 - 부사)

27. slowly (천천히 - 부사)

28. money (돈 - 명사)

29. is (이다, 있다 - be 동사)

30. movie (영화 - 명사)

31. yours (너의 것, 너희들의 것 - 소유대명사)

32. sad (슬픈 - 형용사)

33. her (그녀의 - 대명사:소유격 / 그녀를, 그녀에게 - 대명사: 목적격)

34. song (노래 - 명사)

35. run (달리다 - 동사)

36. but (그러나 - 접속사)

37. were (였다, 있었다 - be 동사 과거형)

38. quickly (빨리, 빠르게 - 부사)

39. with (~와 함께, ~를 써서 - 전치사)

40. Ouch (아야 - 감탄사)

41. that (저것, 저것은 - 지시대명사)

42. pretty (예쁜 - 형용사)

43. am (이다, 있다 - be 동사)

44. call (부르다, 전화하다 - 동사)

45. dirty (더러운 - 형용사)

46. ball (공 - 명사)

47. to
(~로, ~쪽으로 - 전치사)

48. information (정보 - 명사)

49. was
(였다, 있었다 - be 동사 과거형)

50. Yeah (응, 그래 - 감탄사)

51. or (또는, 혹은 - 접속사)

52. baby (아기 - 명사)

PART

2

문장 성분

Part ❷ 문장 성분

영어 단어를 문장에서 하는 역할에 따라 분류하는 것.

Kevin이라는 영어 단어만을 두고 보면 사람의 이름을 나타내기 때문에
명사로 분류할 수 있습니다.

Kevin is a teacher.
이 문장에서 Kevin이라는 단어가 하는 역할은 '주어'입니다.

영어 단어만을 보고 하는 일에 따라 분류하는 것이 품사이고,
문장 안에서 단어가 하는 역할을 보고 분류하는 것이 문장 성분입니다.

나만의 필기

Chapter 01 주어

 암기!

문장이 누구 혹은 무엇에 대해서 말하는지를 알려 줍니다.

명사나 대명사가 주로 주어 역할을 하고, 문장 앞쪽에 위치합니다.

해석할 때는 '~은, ~는, ~이, ~가'를 붙이면 됩니다.

(주어는 앞으로 동그라미로 표시합니다.)

My friend likes K-POP. (나의 친구는 K-POP을 좋아합니다.)

She is my homeroom teacher. (그녀는 나의 담임 선생님입니다.)

That is my smartphone. (저것은 나의 스마트폰입니다.)

나만의 필기

* 주어의 인칭을 구분하는 꿀팁!

문법을 공부하다 보면 가끔 주어의 인칭과 수를 분석해야 할 때가 있습니다.

수는 단수나 복수로 구분하기가 쉬운데, 인칭을 어려워하시는 분들이 있습니다.

인칭은 쉽게 설명하자면,

누가 말하고 듣고 있는지를 구분하는 것이라고 생각하면 됩니다.

말하는 내가 `1인칭`

듣는 당신이 `2인칭`

대화에 참여하고 있지 않은 사람은 `3인칭`

인칭은 영어로 구분하는 것이 훨씬 쉽습니다.

`1인칭` 'I' 또는 'We'가 보여야 합니다.

(my, me, mine, our, us, ours는 해당하지 않습니다.)

`2인칭` 'You'가 보여야 합니다.

(your, yours는 해당하지 않습니다.)

`3인칭` 'I', 'We', 'You' 이 세 단어가 보이지 않는 경우.

- 영어의 수는 $\begin{bmatrix} 단수(하나) \\ 복수(여러 개) \end{bmatrix}$ 로 구분하면 됩니다.

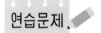

다음 문장에서 주어를 찾아 동그라미를 하고, 인칭과 수를 분석해 보세요.

정답은 45페이지에

1. My friends went to the park yesterday.

2. Your teacher is very kind.

3. You and I are best friends forever.

4. My mom and dad love soccer.

5. Your family has six people.

6. You and your classmates are playing volleyball.

7. Milk tastes good.

8. My brother and I went fishing last Saturday.

9. She likes to sing.

10. Your classmates are nice.

11. Lisa likes dogs.

12. They will watch a soccer game this Sunday.

13. My family eats breakfast together.

14. You and I are best friends.

15. You don't like vegetables.

나만의 필기

옆집 금쪽이 영문법

문제해답 *Excellent!* ☺

43페이지 주어 문제 정답

1.	My friends	3인칭 복수 (I, We, You가 없으므로)
2.	Your teacher	3인칭 단수 (I, We, You가 없으므로)
3.	You and I	1인칭 복수 (I가 있으므로)
4.	My mom and dad	3인칭 복수 (I가 있으므로)
5.	Your family	3인칭 단수 (I, We, You가 없으므로)
6.	You and your classmates	2인칭 복수 (You가 있으므로)
7.	Milk	3인칭 단수 (I, We, You가 없으므로)
8.	My brother and I	1인칭 복수 (I가 있으므로)
9.	She	3인칭 단수 (I, We, You가 없으므로)
10.	Your classmates	3인칭 복수 (I, We, You가 없으므로)
11.	Lisa	3인칭 단수 (I, We, You가 없으므로)
12.	They	3인칭 복수 (I, We, You가 없으므로)
13.	My family	3인칭 단수 (I, We, You가 없으므로)
14.	You and I	1인칭 복수 (I가 있으므로)
15.	You	2인칭 단수/복수

• • •

* 46-47 페이지의 문장구조 분석표는,
중급 수준의 문법 실력을 갖추기 전까지 아주 유용하게 사용할 수 있습니다.
현재 (과거) 완료시제는 초급 수준에서 나오지 않으니,
중급 수준에서 공부하시기 바랍니다.

• • •

Chapter 01 | 주어

PART2 문장 성분

45

문장 구조 분석

▲ 강의 영상보기

* 이 문장 구조 분석표는 기초적인 문장을 분석하는데 큰 도움이 됩니다.

일반동사

* 일반동사는 갯수가 많아서 새로운 일반동사를 배울 때마다 암기해둔다.

현재시제

주어가 3인칭 단수

긍정문
주어+일반동사 원형 S.

부정문
주어+does not+일반동사 원형.

의문문
Does+주어+일반동사 원형?

주어가 3인칭 단수가 아님

긍정문
주어+일반동사 원형.

부정문
주어+do not+일반동사 원형.

의문문
Do+주어+일반동사 원형?

과거시제

긍정문
주어+일반동사 과거형.

부정문
주어+did not+일반동사 원형.

의문문
Did+주어+일반동사 원형?

* 일반동사 뒤에 목적어나 보어(자리)가 필요합니다.

* 동사+주어+What?(무엇?)이 어오면 동사 뒤에 목적어나 필요한 동사들이다.
— 주어+동사+목적어 도치... 동사 뒤에 목적어가 필요한 동사들.

조동사

can(could)
may(might)
will(would)
shall(should)
must

긍정문
주어+조동사+동사원형.

부정문
주어+조동사+not+동사원형.

의문문
조동사+주어+동사원형?

* 동사원형 자리에 be동사, 가다/상태동사, 일반동사 등 어느것이나 다 들어갑니다.

현재(과거)완료

* 시제 단계에서 자세히 그는 나중에 배우세요.^^

긍정문
주어+have(had)+p.p.

부정문
주어+have(had)+not+p.p.

의문문
Have(Had)+주어+p.p.?

상태동사

become
get
grow
turn

감각동사

look
sound
smell
taste
feel

긍정문
주어+감각/상태(s)+보어.

부정문
주어+do(does)+not+감각/상태+보어.

의문문
Do(Does)+주어+감각/상태+보어?

구조는 일반동사와 같다.
자세한 구조는 일반동사 참조

보어가 무조건 필요하다!

be동사

현재 – am, are, is
과거 – was, were

긍정문
주어+be동사+(보어).

부정문
주어+be동사+not+(보어).

의문문
be동사+주어+(보어)?

be동사의 의미가 O 필요하다
~이다
~인 상태이다
~하다

be동사의 의미가 X 필요없다
~에 있다

문장 구조 찾아가는 법

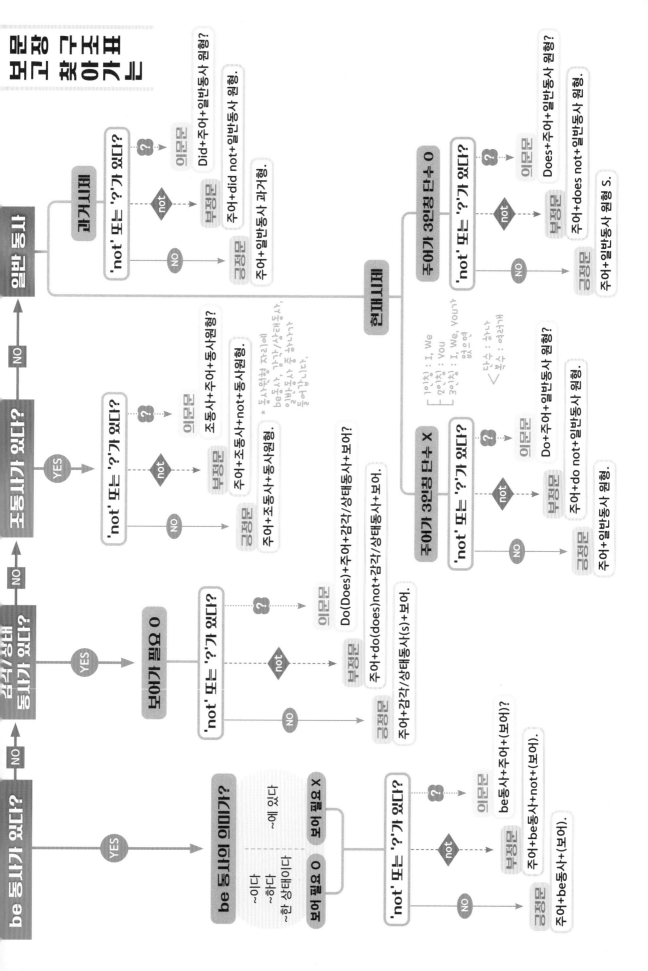

be 동사가 있다? — NO → 감각/상태 동사가 있다? — NO → 조동사가 있다? — NO → **일반 동사**

일반 동사

과거시제
- 'not' 또는 '?'가 있다?
  - NO → **긍정문**: 주어+일반동사 과거형.
  - not → **부정문**: 주어+did not+일반동사 원형.
  - ? → **의문문**: Did+주어+일반동사 원형?

현재시제

주어가 3인칭 단수 O
- 'not' 또는 '?'가 있다?
  - NO → **긍정문**: 주어+일반동사 원형 S.
  - not → **부정문**: 주어+does not+일반동사 원형 S.
  - ? → **의문문**: Does+주어+일반동사 원형?

주어가 3인칭 단수 X
- 'not' 또는 '?'가 있다?
  - NO → **긍정문**: 주어+일반동사 원형.
  - not → **부정문**: 주어+do not+일반동사 원형.
  - ? → **의문문**: Do+주어+일반동사 원형?

[1인칭 : I, We
  2인칭 : You
  3인칭 : I, We, You ↑
  있으면 없어]

< 단수 : 하나
  복수 : 여러개 >

조동사가 있다? — YES

- 'not' 또는 '?'가 있다?
  - NO → **긍정문**: 주어+조동사+동사원형.
  - not → **부정문**: 주어+조동사+not+동사원형.
  - ? → **의문문**: 조동사+주어+동사원형?

* 조동사인 줄 알았는데 조동사 자리에
be동사, 감각/상태동사,
일반동사 또는 주어 뒤에 동사가
2개라면 앞에 나오는
동사가 조동사입니다.

감각/상태 동사가 있다? — YES

보어가 필요 O
- 'not' 또는 '?'가 있다?
  - NO → **긍정문**: 주어+감각/상태동사(s)+보어.
  - not → **부정문**: 주어+do(does)not+감각/상태동사+보어.
  - ? → **의문문**: Do(Does)+주어+감각/상태동사+보어?

be 동사가 있다? — YES

be 동사의 의미가?
- ~있어
- ~이다
- ~하다
- ~한 상태이다

보어 필요 X / 보어 필요 O
- 'not' 또는 '?'가 있다?
  - NO → **긍정문**: 주어+be동사+(보어).
  - not → **부정문**: 주어+be동사+not+(보어).
  - ? → **의문문**: be동사+주어+(보어)?

강의 영상 보기!

 암기!

주어의 상태나 움직임을 나타내는 단어.

각각 동사 (be 동사, 감각/상태 동사, 조동사, 일반 동사)의 구조는

모두 암기하셔야 합니다.

(앞으로 동사는 **밑줄**로 표시합니다.)

동사는 문장 구조를 결정하는 요소이기 때문에 상당히 중요합니다.

주어와 동사만 잘 찾아도 문장의 뼈대를 세우고 시작할 수 있어

정확한 해석을 하는 데 큰 도움이 됩니다.

동사는 다음과 같은 순서로 찾아내는 것이 가장 쉽습니다.

be 동사 〉감각/상태 동사 〉조동사 〉일반 동사

 암기!

● be 동사 (am, are, is, was, were)

~이다, ~한 상태이다, ~하다 / ~에 있다

(주어와 시제에 따른 be 동사의 형태 변화는 27페이지를 참조)

be 동사가 '~이다, ~한 상태이다, ~하다'로 사용될 때에는 보어가 필요하고,

'~에 있다'라는 의미로 사용될 때는 보어가 필요 없습니다.

(다음 챕터에서 보어에 대해서 더 자세히 설명하겠습니다.)

암기!

be 동사가 들어가는 문장은 모두 같은 구조를 가집니다.

긍정 주어 + be 동사 + (보어).

부정 주어 + be 동사 + not + (보어).

의문 be 동사 + 주어 + (보어)?

나만의 필기

연습문제 📝

한국어 의미를 참조하여 주어진 단어들을
be 동사 문장 구조대로 배열해서 문장을 만들어 보세요.
주어는 동그라미, 동사는 밑줄로 표시하세요.

정답은 53페이지에

1.   그는 배가 고프다.

(is, he, hungry)

_____ .

2.   그는 배가 고프지 않다.

(he, not, is, hungry)

_____ .

3.   그는 배가 고프니?

(he, hungry, is)

_____ ?

4.   케빈은 영어 선생님이다.

(is, an English teacher, Kevin)

_____ .

5.   케빈은 영어 선생님이 아니다.

(an English teacher, is, Kevin, not)

_____ .

6.   케빈은 영어 선생님이야?

(Kevin, an English teacher, is)

_____ ?

7.   너는 어제 공원에 있었어.

(were, you, at the park, yesterday)

_____.

8.   너는 어제 공원에 있지 않았어.

(not, you, at the park, yesterday, were)

_____.

9   너는 어제 공원에 있었니?

(you, yesterday, were, at the park)

_____?

● 감각/상태 동사

(look, sound, smell, taste, feel / become, get, grow, turn)

▶ 강의 영상 보기!

감각 동사와 상태 동사는 일반 동사와 헷갈리기 쉬운데,

가장 다른 점은 감각 동사와 상태 동사는 뒤에 보어가 필요한데,

일반 동사는 목적어가 필요한 경우가 많습니다.

그리고 해석상의 차이도 있습니다. (28페이지 참조)

일반 동사는 주어가 동사를 하는 주체가 되는데,

감각/상태 동사는 동사가 주어의 상태를 나타냅니다.

일반 동사와 감각 동사 비교

I smell cookies. (나는 쿠키 냄새를 맡는다.)

일반 동사로 사용될 때는 내가 냄새를 맡는 것이다.

The cookies smell good. (그 쿠키들은 냄새가 좋다.)

감각 동사로 사용될 때는 쿠키의 상태를 나타내는 것이다.

일반 동사와 상태 동사 비교

I got new sneakers yesterday. (나는 어제 새 스니커즈를 샀다.)

일반 동사는 나의 행위를 설명합니다.

I got so excited. (나는 너무 신나.)

상태 동사는 내가 어떤 상태에 있다고 알려 줍니다.

감각/상태 동사 구조 (현재 시제 기준)

긍정 주어 + 감각/상태 동사 원형 (s) + 보어.

부정 주어 + do(does) not + 감각/상태 동사 원형 + 보어.

의문 Do(Does) + 주어 + 감각/상태 동사 원형 + 보어?

감각 동사 예문

긍정 It sounds good.

(그건 좋게 들려.) - 동의한다는 의미

부정 It does not sound good.

(그건 좋게 들리지 않아.) - 동의하지 않는다는 의미

의문 Does it sound good?

(그게 좋게 들리니?) - 동의를 구하는 질문

Excellent!

문제해답

50-51페이지 be동사 문제 정답

1.　He is hungry.

2.　He is not hungry.

3.　Is he hungry?

4.　Kevin is an English teacher.

5.　Kevin is not an English teacher.

6.　Is Kevin an English teacher?

7.　You were at the park yesterday.

8.　You were not at the park yesterday.

9.　Were you at the park yesterday?

한국어 의미를 참조하여 주어진 단어들을 배열해서 문장을 만들어 보세요.

주어는 동그라미, 동사는 밑줄로 표시하세요.

정답은 59페이지에

1.   그 사과들은 맛이 좋다.

(taste, the apples, good)

_____.

2.   그 사과들은 맛이 좋지 않다.

(taste, do not, good, the apples)

_____.

3.   그 사과들은 맛이 좋니?

(good, taste, do, the apples)

_____?

4.   나뭇잎들은 가을에 노랗고 빨갛게 변한다.

(turn, yellow and red, the leaves, in fall)

_____.

5.   나뭇잎들은 가을에 노랗고 빨갛게 변하지 않는다.

(yellow and red, in fall, turn, do not, the leaves)

_____.

6.   나뭇잎들은 가을에 노랗고 빨갛게 변하니?

(in fall, do, turn, yellow and red, the leaves)

_____?

나만의 필기

● 조동사 (can, could, may, might, will, would, shall, should, must)

▶ 강의 영상 보기

조동사는 사실 완전한 동사는 아니고, 다른 동사를 돕는 역할을 합니다.

예를 들어, do라는 동사로는 '~을 한다'라는 표현만 할 수 있지만,

조동사의 도움을 받으면 다음과 같이 더 다양한 표현을 할 수 있습니다.

(조동사 + 동사 원형 모두 밑줄로 표시하시면 됩니다.)

<u>must</u> <u>do</u> (해야 한다)   <u>can</u> <u>do</u> (할 수 있다, 해도 좋다)

<u>will</u> <u>do</u> (할 것이다)   <u>may</u> <u>do</u> (할지도 모른다, 해도 좋다)

암기!

조동사의 구조

> 긍정 주어 + 조동사 + 동사 원형.
> 부정 주어 + 조동사 + not + 동사 원형.
> 의문 조동사 + 주어 + 동사 원형?

조동사 뒤에는 be 동사, 감각/상태 동사와 일반 동사

모두 원형(원래의 형태)으로 써야 합니다.

뒤에 오는 동사에 따라 보어나 목적어가 추가로 사용될 수 있습니다.

암기!

- can (could)   ~할 수 있다, ~해도 좋다   - shall (should)   ~할 것이다, ~해야 한다
- may (might) ~일지도 모른다, ~해도 좋다   - must   ~해야 한다, ~일 것이다
- will (would) ~할 것이다, ~일 것이다

＊괄호 안의 조동사는 과거형으로 쓰이기는 하지만,

꼭 그런 건 아니므로 시제를 잘 생각하셔야 합니다.

예) Would you like to drink some coffee? (커피 좀 드시겠습니까?)

　　과거 시제가 아닙니다.

연습문제 ✏

한국어 의미를 참조하여 주어진 단어들을
위의 문장 구조대로 배열해서 문장을 만들어 보세요.
주어는 동그라미, 동사는 밑줄로 표시하세요.
정답은 59페이지에

1.   원숭이들은 나무타기를 할 수 있다.

(can, trees, climb, monkeys)

_____ .

2.   원숭이들은 나무 타기를 할 수 없다.

(trees, cannot, monkeys, climb)

_____ .

3.   원숭이들은 나무 타기를 할 수 있어?

(trees, monkeys, climb, can)

_____ ?

4.   우리는 이번 토요일에 해변에 갈 것이다.

(go to, we, will, this Saturday, the beach)

_____ .

5.   우리는 이번 토요일에 해변에 가지 않을 것이다.

(we, this Saturday, will, the beach, not, go to)

_____ .

6.   우리는 이번 토요일에 해변에 갈 거야?

(the beach, this Saturday, we, go to, will)

_____ ?

나만의 필기

옆집 금쪽이 영문법

문제해답 *Excellent!* ☺

54페이지 감각/상태 동사 문제 정답

1. The apples taste good.

2. The apples do not taste good.

3. Do the apples taste good?

4. The leaves turn yellow and red in fall.

5. The leaves do not turn yellow and red in fall.

6. Do the leaves turn yellow and red in fall?

문제해답 *Excellent!* ☺

57페이지 조동사 문제 정답

1.   Monkeys can climb trees.

2.   Monkeys cannot climb trees.

3.   Can monkeys climb trees?

4.   We will go to the beach this Saturday.

5.   We will not go to the beach this Saturday.

6.   Will we go to the beach this Saturday?

▶ 강의 영상 보기!

암기!

보어란 보충해 주는 단어입니다.

주어와 동사만으로 의미가 완성되지 않을 때

의미를 보충해 주는 보어를 사용합니다.

주로 명사와 형용사가 보어로 사용됩니다. (보어는 세모로 표시합니다.)

* be 동사는 be 동사가 어떤 의미로 사용되는지에 따라

보어가 필요할 수도 있고, 필요 없을 수도 있습니다.

① be 동사 뒤에 보어가 나와야 할 경우

'~이다, ~한 상태이다, ~하다'라는 의미로 사용될 때

예)

- I am Sam.

  나는 Sam이야.

  : be 동사가 '~이다'라는 의미로 사용되어, 뒤에 보어로 Sam이 나옵니다.

- You are beautiful.

  너는 아름다워.

  : be 동사가 '~한 상태이다, ~하다'라는 의미로 사용되어, 뒤에 보어로 beautiful이 나옵니다.

② be 동사 뒤에 보어가 필요 없는 경우

'~에 있다'라는 의미로 사용될 때

예)

* He is in his room.

  그는 그의 방에 있다.

  : be 동사가 '~에 있다'라는 의미로 사용되어 보어가 필요 없습니다.

뒤의 'in his room'은 부사구입니다.

③ 감각/상태 동사는 뒤에 보어가 꼭 필요합니다.

예)

* It looks

  주어와 동사가 나왔지만 의미를 보면,

  '그것은 ~해 보인다.'로 의미가 완성되지 않습니다.

  good, bad, great 등의 보어를 넣어야 의미가 완성됩니다.

  It looks great. 그건 정말 좋아 보여.

* That sounds

  역시나 해석을 해 보면,

  '그건 ~하게 들려.'로 의미가 완성되지 않습니다.

  보어를 넣어서, That sounds good. 그건 좋게 들려.

연습문제

문장에서 주어는 동그라미, 동사는 밑줄, 보어는 삼각형으로 표시해 보세요.

정답은 63페이지에

1. I was not hungry.

2. The lemon tastes sour.

3. She is a student.

4. My brother is tall.

5. Kevin is very kind.

6. It feels really soft.

7. The flowers look beautiful.

▶ 강의 영상 보기!

동사가 일반 동사일 경우에 목적어가 필요한지 살펴보아야 합니다.

목적어는 동사의 대상이 되는 단어입니다. 주로 명사나 대명사가 목적어가 됩니다.

목적어는 '~을 / ~를'을 붙여서 해석하면 됩니다. (목적어는 네모로 표시합니다.)

이렇게 설명을 하면 너무 어렵습니다.

쉽게 설명하면,

'I like'라고 말을 하면,

'나는 (주어) 좋아한다 (동사)'라고 말할 수 있는 대상이 필요합니다.

그 좋아하는 대상이 목적어입니다. (주로 명사나 대명사가 목적어가 됩니다.)

apples (사과), dogs (강아지), her (그녀)

- I like apples. (나는 사과를 좋아해.)
- I like dogs. (나는 강아지를 좋아해.)
- I like her. (나는 그녀를 좋아해.)

* 목적어가 필요한 동사인지 찾아내는 꿀팁!

문장에서 주어와 일반 동사만 해석해서,

'무엇을? What?'이라는 생각이 떠오르면, 뒤에 목적어가 필요한 동사입니다.

- You want a new smartphone.

주어 + 동사만 해석을 해 보면, '너는 원한다.'입니다.

그럼 '무엇을?'이라는 질문이 떠오릅니다.

그렇다면 이 문장에서는 목적어가 필요합니다.

뒤에 나온 'a new smartphone (새로운 스마트폰을)'이 목적어가 됩니다.

● He has two dogs and one cat.

주어 + 동사만 해석을 해 보면, '그는 가지고 있다.'입니다.

그럼 '무엇을?'이란 질문이 떠오릅니다.

뒤에 나온 'two dogs and one cat (강아지 두 마리와 고양이 한 마리를)'이

목적어가 됩니다.

● They walk to school on Monday.

주어 + 동사만 해석을 해 보면, '그들은 걷는다.'입니다.

'어디로?'라는 질문이 떠오를 수는 있어도,

'무엇을?'이라는 질문은 떠오르지 않습니다.

그래서 이 문장은 목적어가 필요하지 않습니다.

문제해답

Excellent!

61페이지 보어 문제 정답

1. I was not hungry.

2. The lemon tastes sour.

3. She is a student.

4. My brother is tall.

5. Kevin is very kind.

6. It feels really soft.

7. The flowers look beautiful.

나만의 필기

옆집 금쪽이 영문법

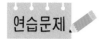

연습문제

문장에서 주어는 동그라미, 동사는 밑줄, 목적어는 네모로 표시해 보세요.

정답은 67페이지에

1.   They had lunch at the restaurant yesterday.

2.   She likes KPOP.

3.   Kevin watched Youtube all day long.

4.   My sister does not like vegetables.

5.   Do you want some bread?

6.   My family always eats cereal for breakfast.

Chapter 3.에서 설명했었던 보어는 주격 보어입니다. (60페이지 참조)

I am Sam.

Sam (보어)이 보충해 주는 것은 I (주어)입니다.

목적격 보어는 목적어를 보충해 줍니다. (앞으로 세모로 표시합니다.)

- I made my mom angry. (나는 엄마를 화나게 만들었다.)

목적격 보어 angry는 목적어인 mom의 상태를 알려 줍니다.

- My mom calls me Baby. (나의 엄마는 나를 아기라고 부른다.)

목적격 보어 baby는 목적어인 me를 나타냅니다.

*목적격 보어가 필요한지 알 수 있는 꿀팁!

주어 + 동사 + 목적어만 해석해 보고

원래 의도했던 의미가 완성되는지 확인해 봅니다.

- I made my mom angry.

주어 + 동사 + 목적어만 해석하면 '나는 엄마를 만들었다.'가 됩니다.

완전 엉뚱한 의미가 됩니다.

이런 경우에는 내가 엄마를 어떠한 상태로 만들었는지

보어로 의미를 보충해 줘야 합니다.

● My mom calls me Baby.

<u>주어 + 동사 + 목적어</u>만 해석하면 '나의 엄마는 나를 부른다.'가 됩니다.

원래 의도했었던 의미가 완성되지도 않고, baby는 뭐라고 해석을 해야 할지 애매하게 됩니다.

이런 경우에는 엄마가 나를 뭐라고 부르는지 보어로 <u>의미를 보충</u>해 줘야 합니다.

계속해서 목적격 보어를 접해 보면 차츰 감이 잡힐 겁니다.

문제해답 Excellent! ☺

65페이지 목적어 문제 정답

1.　　　They had lunch at the restaurant yesterday.

2.　　　She likes K-pop.

3.　　　Kevin watched Youtube all day long.

4.　　　My sister does not like vegetables.

5.　　　Do you want some bread?

6.　　　My family always eats cereal for breakfast.

* 목적격 보어가 필요한지 눈여겨봐야 할 동사들

목적격 보어를 필요로 하는 동사들은 다음과 같습니다.

- make : ~하게 만들다

(I made my brother angry: 나는 내 동생을 화나게 만들었다.)

- help : ~하는 것을 도와주다

(My dad helped me do my homework: 아빠는 내가 숙제하는 것을 도와주었다.)

- have : ~하게 시키다

(My mom had me clean my room: 엄마는 내가 내 방을 청소하도록 시켰다.)

- let : ~하게 해 주다

(She let me use her eraser: 그녀는 내가 그녀의 지우개를 사용하도록 허락했다.)

- find : ~하는 것을 알게 되다

(I found it difficult: 나는 그것이 어렵다는 것을 알았다.)

- see : ~하는 것을 보다

(He saw her dancing yesterday: 그는 어제 그녀가 춤추는 것을 보았다.)

- hear : ~하는 것을 듣다

(They heard him singing: 그들은 그가 노래하는 것을 들었다.)

이런 단어들은 목적어만 필요로 하는지,
목적격 보어도 넣어 줘야 하는지는 말하고자 하는 의미에 따라 판단하셔야 합니다.

옆집 금쪽이 영문법

연습문제

문장에서 주어는 동그라미, 동사는 밑줄, 목적어는 네모,
목적격 보어는 세모로 표시해 주세요.

정답은 73페이지에

1. He found the book interesting.

2. They made the cake delicious.

3. The dog keeps the house safe.

4. Mom let me go to the park.

5. We call our cat Tiger.

▶ 강의 영상 보기!

📢 암기!

사실상 주어, 동사, 목적어, 보어, 목적격 보어를 제외한

모든 것이 수식어라고 생각하시면 됩니다.

주로 시간, 장소, 방법 등을 알려 줍니다. (앞으로 물결 밑줄로 표시합니다.)

- 육하원칙   누가 (who),   무엇을 (what),   어떻게 (how),

  (5W1H)   언제(when),   왜 (why),   어디서 (where)

누가 (who)는 주어에 해당하고, 무엇을 (what)은 동사에 해당합니다.

나머지 어떻게 (how), 언제 (when), 왜 (why), 어디서 (where)는

수식어에 해당합니다.

- I went shopping last Sunday.

  (나는 지난 일요일에 쇼핑을 갔다.)

  - 누가: I (주어)

  - 무엇을: went shopping (동사)

  - 언제: last Sunday (수식어)

- I went shopping to buy new shoes last Sunday.

  (나는 지난 일요일에 신발을 사기 위해 쇼핑을 갔다.)

  - 왜: to buy new shoes (수식어)

- I went shopping <u>at the department store to buy my shoes last Sunday.</u>
  (나는 지난 일요일에 신발을 사기 위해 백화점에 쇼핑을 갔다.)

  - 어디서: at the department store (수식어)

* 수식어 찾는 꿀팁!

- 전치사 + 명사 = 수식어구
  흔히 전명구라고 부르는 이 구조는 수식어로 많이 나오는 구조입니다.
  위의 문장에서 'at (전치사) the department store (명사)'이 전명구입니다.

- 문장 맨 앞에 장소나 위치 등을 알려 주는 구가 나오고 콤마(,)가 보이면
  그 구는 수식어구입니다.

At the playground, the boys played football yesterday.
이 문장 구조와 같이 콤마 앞에 전명구 형태로 나와
수식어로 사용되는 경우가 아주 많습니다.

연습문제

주어는 동그라미, 동사는 밑줄, 목적어는 네모, 보어는 세모,
수식어는 물결 밑줄로 표시해 보세요.

정답은 다음 페이지에

1.   There are many books on the shelf.

2.   In the park, children play happily.

3.   We built sandcastles at the beach.

4.   The cat likes to hide under the bed.

5.   In the classroom, the teacher explains lessons.

문제해답 Excellent! ☺

69페이지 목적격 보어 문제 정답

1. He found the book interesting.
2. They made the cake delicious.
3. The dog keeps the house safe.
4. Mom let me go to the park.
5. We call our cat Tiger.

문제해답 Excellent! ☺

71페이지 수식어 문제 정답

1. There are many books on the shelf.
2. In the park, children play happily.
3. We built sandcastles at the beach.
4. The cat likes to hide under the bed.
5. In the classroom, the teacher explains lessons.

문장 분석 및 해석

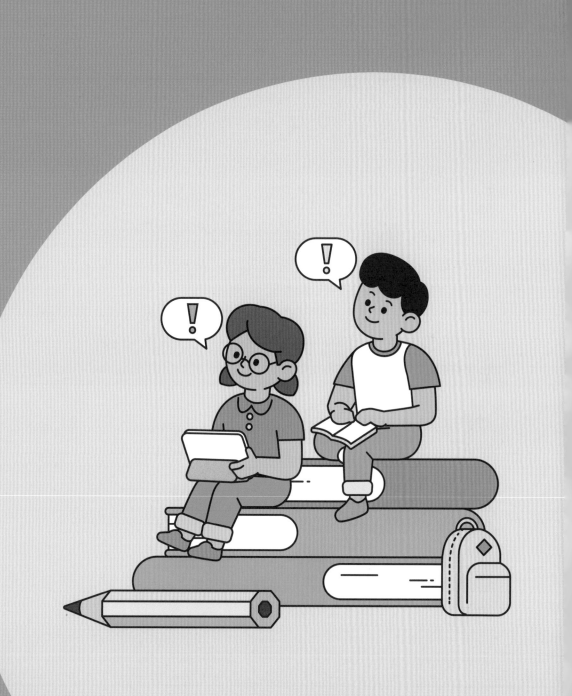

Part 3은 문장구조 분석표(46-47페이지)를 참조하시면서 공부하세요.

문장을 보고 동사를 확인할 때,

가장 먼저 확인해야 할 것이 be 동사(am, are, is, was, were)가 있는지

확인하는 것입니다.

be 동사는 현재 시제일 때와 과거 시제, 모두 구조가 동일합니다.

be 동사가 보이면,

1 ~이다

2 ~한 상태이다, ~하다

3 ~에 있다

중 어떤 의미로 사용되었는지 확인합니다.

be 동사가 **1**, **2**의 의미로 사용되었으면,

be 동사 뒤에 보어가 필요합니다.

문장 구조는 다음과 같습니다.

긍정 주어 + be 동사 + 보어.

부정 주어 + be 동사 + not + 보어.

의문 be 동사 + 주어 + 보어?

3의 의미로 사용되었으면,

be 동사 뒤에 보어가 나오지 않고, 장소를 나타내는 부사구(수식어)가 나옵니다.

문장 구조는 다음과 같습니다.

긍정	주어 + be 동사 + 부사구 (수식어).
부정	주어 + be 동사 + not + 부사구 (수식어).
의문	be 동사 + 주어 + 부사구 (수식어)?

예)

● I am a student.

be 동사 'am'이 **1**의 의미로 사용되었으므로, 뒤에 보어가 필요합니다.

주어 + be 동사 + 보어

"주어는 보어이다."라고 해석하면 됩니다.

(나는 학생이다.)

● He is hungry.

be 동사 'is'가 **2**의 의미로 사용되었으므로, 뒤에 보어가 필요합니다.

"주어는 보어한 상태이다 / ~하다."라고 해석하면 됩니다.

(그는 배고프다.)

● She is at school.

be 동사 'is'가 **3**의 의미로 사용되었으므로, 뒤에 보어가 필요하지 않습니다.

대신에 장소를 나타내는 부사구(수식어)가 나옵니다.

"주어는 수식어에 있다."라고 해석하면 됩니다.

(그녀는 학교에 있다.)

＊ 문장 분석이 끝난 후에, 문장을 해석하는 꿀팁!

① 주어에 ~은, ~는, ~이, ~가 중 가장 잘 맞는 조사를 붙여서 문장 맨 앞에 씁니다.

② 동사는 의미와 시제에 맞게 써서 문장 가장 뒤에 씁니다.

③ 보어나 목적어 (~을, ~를 중 적절한 것을 붙여 줍니다)가 있으면
  주어와 동사 사이에 넣어 줍니다.

④ 수식어는 해석을 해 보면 어디에 들어가야 적절한지 알 수 있습니다.

나만의 필기

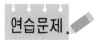

연습문제

The company has offices in several countries around the world.

The company 주어 (그 회사는)　　　　has 동사 (가지고 있다)　　　　offices 목적어 (사무실들을)

in several countries 수식어구 1 (여러 나라에)　　　　around the world. 수식어구 2 (세계에)

그 회사는 ＿＿＿＿＿＿＿＿＿＿＿＿＿＿＿＿ 가지고 있다.

그 회사는 ＿＿＿＿＿＿ 사무실들을 ＿＿＿＿＿＿ 가지고 있다.

수식어구들은 해석을 해 보면 목적어 앞에 넣어도 되고 뒤에 넣어도 되지만,

앞에 두는 게 좀 더 자연스럽습니다.

그 회사들을 세계 여러 나라에 사무실들을 가지고 있다.

이후 나오는 모든 해석 문제는 이와 같은 방식으로 해석하시면 됩니다.

연습문제

문장에서 주어, 동사, 목적어, 보어, 수식어를 찾아서 표시하고 해석을 해 보세요.

정답은 81페이지에

1.　　　Is she a talented singer?

2.　　　Yesterday it was rainy all day.

3.　　　My jacket is not in the closet.

4.　　　We are students at the same school.

5.　　　The book is on the shelf.

6.　　　The cat is not under the table.

7.　　　Is your dog friendly?

Chapter 01 | be 동사

Chapter 02 감각 동사 + 상태 동사

▶ 강의 영상 보기!

감각/상태 동사 (look, sound, smell, taste, feel / become, get, grow, turn)들은

일반 동사로도 사용될 수 있기 때문에

문장에서 이 동사들이 Part 1에서 공부한 의미로 사용되었는지 확인을 해야 합니다. (28페이지 참조)

문장에서 위의 동사들이 감각 동사와 상태 동사라는 것을 찾았다면,

뒤에는 보어가 나옵니다.

긍정 주어 + 감각/상태 동사원형(s) + 보어.

부정 주어 + do(does) + not + 감각/상태 동사 원형 + 보어.

의문 Do(Does) + 감각/상태 동사 원형 + 주어 + 보어?

* 자세한 문장 구조는 일반 동사 문장 구조를 참조하세요.

해석의 방법은

"주어는 보어하게 동사하다."입니다.

- It sounds great. (그건 좋게 들린다.)

- The pizza smells good. (그 피자는 맛있는 냄새가 난다.)

나만의 필기

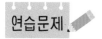

연습문제

문장에서 주어, 동사, 목적어, 보어, 수식어를 찾아서 표시하고 해석을 해 보세요.

1. Does the soup taste salty?

2. The children look excited about the upcoming field trip.

3. The flowers in the garden do not smell fragrant in the morning.

4. The sand feels warm between my toes at the beach.

5. Last year, he became the captain of the soccer team.

6. I get tired after a long day at work.

7. The sky turns pink during the sunset.

문제해답 *Excellent!* ☺

79페이지 문제 정답

1. Is she a talented singer? (그녀는 재능 있는 가수인가요?)

2. Yesterday it was rainy all day. (어제 하루 종일 비가 왔어요.)

3. My jacket is not in the closet. (내 재킷은 벽장 안에 없어요.)

4. We are students at the same school. (우리는 같은 학교의 학생들이에요.)

5. The book is on the shelf. (그 책은 책장에 있어요.)

6. The cat is not under the table. (그 고양이는 테이블 밑에 없어요)

7. Is your dog friendly? (당신의 강아지는 다정한가요?)

Chapter 02 | 감각 동사 + 상태 동사

| can | could | may | might | must |
| will | would | shall | should | |

조동사는 뒤에 be 동사, 감각/상태 동사 또는 일반 동사가 함께 나오기 때문에

조동사를 모두 암기하고 찾아내는 것이 가장 효과적인 방법입니다. (56페이지 참조)

조동사 뒤에 오는 동사에 따라 보어, 목적어, 목적격 보어 등이

따라 나올 수 있으니, **조동사 뒤의 동사**를 잘 파악해야 합니다.

예)

- He can swim well.

조동사 뒤에 일반 동사가 왔으므로, 목적어가 필요한지 살펴봐야 합니다.

주어 동사만 해석했을 때, **"그는 수영할 수 있다."**

What이 떠오르지 않기 때문에 목적어가 필요 없습니다.

"주어는 동사를 조동사한다."라고 해석하시면 됩니다.

그는 수영을 잘할 수 있다.

- She will go to a movie tonight.

그녀는 오늘 밤 영화를 볼 것이다.

부정문과 의문문으로 만들어 보겠습니다. 문장 구조를 떠올리면서 해석해 보세요.

부정 She will not go to a movie tonight.

의문 Will she go to a movie tonight?

- It will be expensive.

<u>그건 비쌀 것이다.</u>

조동사 뒤에 be 동사가 왔으므로, 보어가 필요한지 살펴봐야 합니다.

be 동사가 '~하다'라는 의미로 사용되었기 때문에 뒤에 보어가 필요합니다.

이런 식으로 조동사 뒤에 나온 동사에 따라 보어나 목적어 중

무엇이 필요한지 살펴보아야 합니다.

부정문과 의문문으로 만들어 보겠습니다. 문장 구조를 떠올리면서 해석해 보세요.

부정 It will not be expensive.

의문 Will it be expensive?

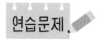

연습문제

문장에서 주어, 동사, 목적어, 보어, 수식어를 찾아서 표시하고 해석을 해 보세요.

정답은 85페이지에

1.   He can't speak Spanish fluently.

2.   I couldn't find my keys this morning.

3.   You may not enter this area without permission.

4.   You should try the new restaurant in town.

5.   I must finish this project by the deadline.

6.   He might not be available tomorrow.

81페이지 감각/상태 동사 문제 정답

1. Does the soup taste salty?

   (그 수프는 짠가요?)

2. The children look excited about the upcoming field trip.

   (그 아이들은 다가오는 현장학습에 대해서 흥분한 모습이에요.)

3. The flowers in the garden do not smell fragrant in the morning.

   (정원의 꽃들은 아침에 향기로운 냄새가 나지 않아요.)

4. The sand feels warm between my toes at the beach.

   (해변에서 내 발가락 사이의 모래는 따뜻하게 느껴져요.)

5. Last year, he became the captain of the soccer team.

   (작년에는 그가 축구팀의 주장이 되었어요.)

6. I get tired after a long day at work.

   (긴 하루 일한 후에는 피곤해져요.)

7. The sky turns pink during the sunset.

   (일몰 때 하늘은 분홍색으로 변해요.)

문제해답 *Excellent!* ☺

83페이지 조동사 문제 정답

1. He can't speak Spanish fluently.
   (그는 스페인어를 유창하게 말할 수 없어요.)

2. I couldn't find my keys this morning.
   (오늘 아침에 제 열쇠를 찾을 수 없었어요.)

3. You may not enter this area without permission.
   (당신은 허락 없이 이 지역에 들어갈 수 없어요.)

4. You should try the new restaurant in town.
   (당신은 마을에 있는 새로운 식당을 한번 가 봐야 합니다.)

5. I must finish this project by the deadline.
   (저는 이 프로젝트를 마감일까지 끝내야 합니다.)

6. He might not be available tomorrow.
   (그는 내일 일정이 가능하지 않을지도 모르겠어요.)

▶ 강의 영상 보기!

현재 시제일 때는, 주어에 따라 문장 구조가 조금 바뀌기 때문에,
주어를 찾아서 분석해야 합니다.

주어가 3인칭 단수인지 아닌지를 구분해야 합니다. (42페이지 참조)

① 주어가 3인칭 단수가 아닐 경우
(1인칭 단수/복수, 2인칭 단수/복수, 3인칭 복수)

> 긍정 주어 + 일반 동사 원형 + (목적어).
> 부정 주어 + do not + 일반 동사 원형 + (목적어).
> 의문 Do + 주어 + 일반 동사 원형 + (목적어)?

감각/상태 동사도 일반 동사와 같은 문장 구조를 가집니다.
그러나 감각/상태 동사일 때는 목적어 대신에 보어가 들어갑니다.

문장을 변형해 가며 살펴보겠습니다.

> 긍정 They eat breakfast every day.
> 부정 They do not eat breakfast every day.
> 의문 Do they eat breakfast every day?

② 주어가 3인칭 단수일 경우

긍정 주어 + 일반 동사 S + (목적어).

부정 주어 + does not + 일반 동사 원형 + (목적어).

의문 Does + 주어 + 일반 동사 원형 + (목적어)?

문장을 변형해 가며 살펴보겠습니다.

긍정 He eats breakfast every day.

부정 He does not eat breakfast every day.

의문 Does he eat breakfast every day?

* 과거 시제

과거는 동사를 과거형으로 만들어 주어서 시제를 표현합니다.

주로 일반 동사, 감각/상태 동사에 ed를 붙여 주어서 과거형을 만듭니다.

• walk (현재: 걷다)   walked (과거: 걸었다)

• miss (현재: 그리워하다)   missed (과거: 그리워했다)

동사 과거형은 불규칙적으로 변형되는 단어들이 많아서 따로 암기해야 합니다.

과거 시제에서는 <u>주어의 인칭과 수와 관계없이 모두 동일한 구조</u>를 가집니다.

긍정 주어 + 동사의 과거형 + (목적어).

부정 주어 + did not + 동사 원형 + (목적어).

부정 Did + 주어 + 동사 원형 + (목적어)?

> *동사의 과거 형태를 do가 가져가서 did가 되고, 동사는 원래 형태로 돌려놓습니다.

주어, 동사, 보어, 목적어를 찾아 표시하고,
주어를 분석한 후에 문장을 해석해 보세요.

정답은 90페이지에

1.   We have dinner at 7 PM.

2.   She does yoga in the morning.

3.   They did not do their homework.

4.   Last night, I made a delicious cake.

5.   She gets a new book every month.

6.   Did they have a great time at the party?

7.   Did she go to a music concert last night?

8.   You did a great job on the project last week.

9.   Kevin has two dogs.

문제해답 *Excellent!* ☺

89페이지 일반 동사 문제 정답

1. We have dinner at 7 PM.　　We - 1인칭 복수

   (우리는 오후 7시에 저녁 식사를 합니다.)

2. She does yoga in the morning.　　She - 3인칭 단수

   (그녀는 아침에 요가를 합니다.)

3. They did not do their homework.　　일반동사 과거시제

   (그들은 그들의 숙제를 하지 않았습니다.)

4. Last night, I made a delicious cake.　　일반동사 과거시제

   (어젯밤, 저는 맛있는 케이크를 만들었습니다.)

5. She gets a new book every month.　　She - 3인칭 단수

   (그녀는 매달 새로운 책을 구입합니다.)

6. Did they have a great time at the party?　　일반동사 과거시제

   (그들은 파티에서 좋은 시간을 보냈습니까?)

7. Did she go to a music concert last night?　　일반동사 과거시제

   (그녀는 어젯밤에 음악 콘서트에 갔었습니까?)

8. You did a great job on the project last week.　　일반동사 과거시제

   (당신은 지난주에 프로젝트를 정말 잘 해냈습니다.)

9. Kevin has two dogs.　　Kevin - 3인칭 단수

   (Kevin은 강아지 두 마리를 가지고 있습니다.)

옆집 금쪽이 영문법

테스트 ☑️ 🔖 여러 가지 문장을 분석하고 해석해 보기

문장 구조 분석표를 참고하시면서 보세요! (46~47 페이지 참조)

▶️ 강의 영상 보기!

＊문장 분석 순서

① 문장에서 동사 찾아보기
(be 동사 → 감각/상태 동사 → 조동사 → 일반 동사 순서대로)

② be 동사와 감각/상태 동사는 보어 찾아보기
- 감각/상태 동사는 무조건 보어가 있습니다.
- be 동사는 '~이다, ~한 상태이다, ~하다'의 의미로 쓰이면 보어가 있고,
  '~에 있다'의 의미로 쓰이면 보어가 없습니다.

③ 조동사는 뒤에 나오는 동사에 따라 구조를 다시 확인하세요.
조동사 뒤에는 be 동사, 감각/상태, 일반 동사 모두 올 수 있습니다.
(뒤에 나온 동사에 따라 보어나 목적어 유무 확인)

④ 일반 동사는 시제를 확인하고,
  현재 시제일 경우에는 주어가 3인칭 단수인지 아닌지 구분합니다.
3인칭 단수 주어의 문장 구조는 3인칭 단수가 아닌 주어의 문장 구조와 다릅니다.

과거 시제는 주어와 상관없이 모두 문장 구조가 같습니다.

＊분석한 문장 해석

주어 + 보어 or 목적어 + 동사
수식어는 따로 해석을 해서 문맥에 맞게 넣어 줍니다.

다음 문장에서 주어는 동그라미, 동사는 밑줄, 보어는 세모, 목적어는 네모, 수식어는 물결 밑줄로 표시하고, 해석해 보세요.

정답은 다음 페이지에

1.　　Mike is my friend.

　　_____.

2.　　Is she your older sister?

　　_____?

3.　　She looks beautiful in that dress.

　　_____.

4.　　She got surprised by the unexpected gift.

　　_____.

5.　　She doesn't have any allergies.

　　_____.

6.　　Did the new carpet feel soft?

　　_____?

7.　　Was he at the meeting yesterday?

　　_____?

8.　　I didn't do any exercise last week due to illness.

　　_____.

9.　　I didn't have my children skip their music lessons.

　　_____.

10.　　We don't make rash decisions.

　　_____.

11.　　They could climb that mountain last summer.

　　_____.

12.　　Will you join us for dinner tonight?

　　_____?

13.　　She was not at home yesterday.

　　_____.

14.　　The restaurant was crowded last night.

　　_____.

옆집 금쪽이 영문법

15. The teacher lets students ask questions in class.

    _____.

16. We didn't say anything negative about others.

    _____.

17. Did the weather become stormy during your camping trip?

    _____?

18. Was he in the office yesterday?

    _____?

19. The flowers are beautiful.

    _____.

20. Do you feel nervous before exams?

    _____?

21. May I borrow your pen for a moment?

    _____?

22. He doesn't look happy today.

    _____.

23. My friends and I were at the beach last weekend.

    _____.

24. The sun is bright.

    _____.

25. The roses in the garden smells sweet in the evening.

    _____.

26. The sun would set beautifully over the horizon every evening.

    _____.

27. Does she have a favorite movie genre?

    _____?

28. Do you get lost easily in unfamiliar places?

    _____?

29. She is not my teacher.

    _____.

 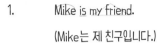

▶ 강의 영상 보기

1. Mike is my friend.

   (Mike는 제 친구입니다.)

2. Is she your older sister?

   (그녀는 당신의 언니(누나)인가요?)

3. She looks beautiful in that dress.

   (그 드레스를 입은 그녀는 아름다워 보입니다)

4. She got surprised by the unexpected gift.

   (그녀는 예상치 못한 선물에 놀랐습니다.)

5. She doesn't have any allergies.

   (그녀는 어떤 알레르기도 가지고 있지 않습니다.)

6. Did the new carpet feel soft?

   (새 카펫은 부드러웠나요?)

7. Was he at the meeting yesterday?

   (그는 어제 회의에 있었나요?)

8. I didn't do any exercise last week due to illness.

   (저는 지난주에 병에 걸려서 운동을 하지 않았습니다.)

9. I didn't have my children skip their music lessons.

   (저는 저의 아이들이 그들의 음악 수업을 빠지게 하지 않았습니다.)

10. We don't make rash decisions.

    (우리는 성급한 결정을 만들지 않습니다.)

11. They could climb that mountain last summer.

    (그들은 지난여름에 저 산을 오를 수 있었습니다.)

12. Will you join us for dinner tonight?

    (당신은 오늘 저녁에 저희와 저녁 식사를 하겠습니까?)

13. She was not at home yesterday.

    (그녀는 어제 집에 있지 않았습니다.)

14. The restaurant was crowded last night.

    (어제 그 식당은 붐볐습니다.)

15. The teacher lets students ask questions in class.

(그 선생님은 수업 중에 학생들이 질문할 수 있도록 해 줍니다.)

16. We didn't say anything negative about others.

(우리는 다른 사람들에 대해서 부정적인 어떤 것도 말하지 않습니다.)

17. Did the weather become stormy during your camping trip?

(캠핑 여행 중에 날씨가 폭풍우로 변했습니까?)

18. Was he in the office yesterday?

(어제 그는 사무실에 있었나요?)

19. The flowers are beautiful.

(그 꽃들은 아름다워요.)

20. Do you feel nervous before exams?

(당신은 시험 전에 긴장하나요?)

21. May I borrow your pen for a moment?

(제가 당신의 펜을 잠깐만 빌려도 될까요?)

22. He doesn't look happy today.

(그는 오늘 행복해 보이지 않습니다.)

23. My friends and I were at the beach last weekend.

(제 친구와 저는 지난 주말에 해변에 있었습니다.)

24. The sun is bright.

(태양은 밝습니다.)

25. The roses in the garden smells sweet in the evening.

(정원에 있는 장미는 저녁에 달콤한 냄새가 납니다.)

26. The sun would set beautifully over the horizon every evening.

(매일 저녁 태양은 지평선 위로 아름답게 집니다.)

27. Does she have a favorite movie genre?

(그녀는 가장 좋아하는 영화 장르를 가지고 있습니까?)

28. Do you get lost easily in unfamiliar places?

(당신은 익숙하지 않은 장소에서 쉽게 길을 잃어버리시나요?)

29. She is not my teacher.

(그녀는 나의 선생님이 아닙니다.)

다음 문장에서 주어는 동그라미, 동사는 밑줄, 보어는 세모, 목적어는 네모, 수식어는 물결 밑줄로 표시하고, 해석해 보세요.

정답은 다음 페이지에

30.   The theater was in the city.

      _____.

31.   The garden didn't look beautiful after the rain.

      _____.

32.   Are you ready for the exam?

      _____?

33.   The old castle looked majestic in the sunlight.

      _____.

34.   She had her students complete their projects last week.

      _____.

35.   Did you teach at the university last semester?

      _____?

36.   She can speak three languages fluently.

      _____.

37.   This book is interesting.

      _____.

38.   It may not be a good idea.

      _____.

39.   They didn't let anyone know about their secret project.

      _____.

40.   The movie was exciting.

      _____.

41.   They get hungry after a workout.

      _____.

42.   Were you at the concert last night?

      _____?

43.   My cat is not friendly.

      _____.

44.   The store was not busy in the evening.

_____ .

45.   Do you take your vitamins regularly?

_____ ?

46.   It won't rain tomorrow according to the forecast.

_____ .

47.   Does Lisa teach English to the students?

_____ ?

48.   The children give handmade cards to their classmates.

_____ .

49.   She gave her old books to the library.

_____ .

50.   Did the color of the sky turn darker before the rain?

_____ ?

51.   Did they get any feedback on their project proposal?

_____ ?

52.   Is this your book?

_____ ?

53.   His cat is not hungry.

_____ .

54.   The weather was hot yesterday.

_____ .

55.   Does this cake look delicious to you?

_____ ?

56.   Were they in the park this morning?

_____ ?

57.   Did they give extra attention and care to their pets?

_____ ?

58.   Is the book on the desk?

_____ ?

59.   Does she make an effort to learn new languages?

_____ ?

강의 영상 보기!

30. The theater was in the city.

(그 극장은 도시에 있습니다.)

31. The garden didn't look beautiful after the rain.

(그 정원은 비 온 후에 아름답게 보이지 않습니다.)

32. Are you ready for the exam?

(당신은 시험 볼 준비가 되었나요?)

33. The old castle looked majestic in the sunlight.

(그 오래된 성은 햇빛 아래에서 웅장해 보였습니다.)

34. She had her students complete their projects last week.

(지난주에 그녀는 그녀의 학생들에게 그들의 프로젝트를 완료하게 했습니다.)

35. Did you teach at the university last semester?

(당신은 지난 학기에 대학에서 가르쳤나요?)

36. She can speak three languages fluently.

(그녀는 3가지 언어를 유창하게 말할 수 있습니다.)

37. This book is interesting.

(이 책은 흥미로워요.)

38. It may not be a good idea.

(그건 좋은 아이디어가 아닐 수도 있어요.)

39. They didn't let anyone know about their secret project.

(그들은 누구도 그들의 프로젝트에 대해서 알게 하지 않았습니다.)

40. The movie was exciting.

(그 영화는 흥미진진했습니다.)

41. They get hungry after a workout.

(그들은 운동 후에 배가 고픕니다.)

42. Were you at the concert last night?

(당신은 어젯밤에 콘서트에 있었나요?)

43. My cat is not friendly.

(저의 고양이는 친근하지 않아요.)

옆집 금쪽이 영문법

44. The store was not busy in the evening.

(그 가게는 저녁에 바쁘지 않았어요.)

45. Do you take your vitamins regularly?

(당신은 당신의 비타민을 정기적으로 먹나요?)

46. It won't rain tomorrow according to the forecast.

(기상 예보에 따르면 내일 비가 오지 않을 거예요.)

47. Does Lisa teach English to the students?

(Lisa는 학생들에게 영어를 가르치나요?)

48. The children give handmade cards to their classmates.

(그 아이들은 반 친구들에게 손으로 만든 카드를 줍니다.)

49. She gave her old books to the library.

(그녀는 도서관에 오래된 책들을 주었습니다.)

50. Did the color of the sky turn darker before the rain?

(비 오기 전에 하늘 색이 더 어두워졌나요?)

51. Did they get any feedback on their project proposal?

(그들은 그들의 프로젝트 제안서에 대한 피드백을 받았나요?)

52. Is this your book?

(이것은 당신의 책인가요?)

53. His cat is not hungry.

(그의 고양이는 배고프지 않습니다.)

54. The weather was hot yesterday.

(어제 날씨는 더웠어요.)

55. Does this cake look delicious to you?

(이 케이크는 당신에게 맛있어 보이나요?)

56. Were they in the park this morning?

(오늘 아침에 그들은 공원에 있었나요?)

57. Did they give extra attention and care to their pets?

(그들은 그들의 반려동물에게 추가적인 관심과 보살핌을 주었나요?)

58. Is the book on the desk?

(그 책은 책상 위에 있나요?)

59. Does she make an effort to learn new languages?

(그녀는 새로운 언어들을 배우기 위해서 노력을 하나요?)

부록

시제+ 예외적인 문장 구조

부록에 나오는 내용은 기초적인 문법을
잘 공부하신 후에 공부하시면 좋습니다.

Chapter 01 미래시제

미래 시제를 표현하는 방법은 2가지가 있습니다.

will(조동사)을 사용하는 방법과

be going to (be 동사)를 사용하는 방법이 있습니다.

will은 **조동사 문장 구조**를 사용하면 되고, (56페이지 참조)

be going to는 **be 동사 문장 구조**를 사용하면 됩니다.

be going to 문장 구조

긍정	주어 + be going to + 동사 원형.
부정	주어 + be + not + going to + 동사 원형.
의문	be 동사 + 주어 + going to + 동사 원형?

be 동사는 주어에 맞게 형태를 바꿔 주어야 합니다. (27페이지 참조)

- I am going to eat salad for dinner.

  (나는 저녁으로 샐러드를 먹을 거야.)

- You are not going to go to a movie tonight.

  (너는 오늘 밤에 영화를 보지 않을 거야.)

- Is he going to play soccer tomorrow?

  (그는 내일 축구를 할 거야?)

▶ 강의 영상 보기!

부록

시제

현재/과거 진행 시제는 문장 구조가 같습니다.

be 동사의 형태가 **현재 시제**이면 **현재 진행형**이 되고,

과거 시제이면 **과거 진행형**이 됩니다. (27페이지 참조)

긍정 주어 + be 동사 (현재/과거) + 동사 ing.

부정 주어 + be 동사 (현재/과거) + not + 동사 ing.

의문 be 동사 (현재/과거) + 주어 + 동사 ing?

문장으로 살펴보겠습니다.

- I <u>am</u> studying for a math exam.

  (현재 진행 시제: 나는 수학 시험을 위해 공부를 하고 있는 중이다.)

- I <u>was</u> studying for a math exam.

  (과거 진행 시제: 나는 수학 시험을 위해 공부를 하고 있는 중이었다.)

- You <u>are</u> not sleeping.

  (현재 진행 시제: 너는 자고 있지 않다.)

- You <u>were</u> not sleeping.

  (과거 진행 시제: 너는 자고 있지 않았다.)

- <u>Is</u> he playing basketball?

  (현재 진행 시제: 그는 농구를 하고 있니?)

- <u>Was</u> he playing basketball?

  (과거 진행 시제: 그는 농구를 하고 있었니?)

다른 시제들은 점과 같은 느낌이라면,

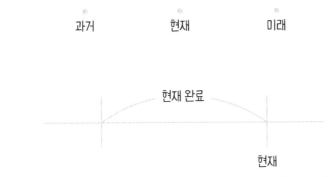

과거   현재   미래

현재 완료

현재

현재 완료 시제는 과거의 어느 시점에서 현재까지의 선을 표현하는 느낌입니다.

과거 완료

과거

과거 완료는 과거 이전의 시점에서 과거까지의 선을 표현하는 느낌입니다.

현재 완료 : 주어가 3인칭 단수 : has / 나머지 경우 : have

긍정 주어 + have/has + p.p (과거분사).

예) I have been to Japan. (나는 일본에 가 본 적이 있다.)

부정 주어 + have/has + not + p.p (과거분사).

예) You have not learned Chinese. (너는 중국어를 배우지 않았다.)

의문 Have/Has + 주어 + p.p (과거분사)?

예) Has he gone to America? (그는 미국으로 가 버린 거야?)

② 과거 완료

긍정 주어 + had + p.p (과거분사).

예) She had already finished her homework before dinner.

(저녁 식사 전에 그녀는 이미 숙제를 끝냈다.)

부정 주어 + had + not + p.p (과거분사).

예) I hadn't seen that movie before last night.

(어젯밤까지는 그 영화를 보지 않았다.)

의문 Had + 주어 + p.p (과거분사)?

예) Had they already finished their meal when you arrived?

(당신이 도착했을 때 그들은 이미 식사를 끝냈나요?)

나만의 필기

Chapter 04 목적어가 2개 필요한 동사

give (주다)	show (보여 주다)	teach (가르쳐 주다)	send (보내 주다)
lend (빌려주다)	buy (사 주다)	ask (물어보다)	

위의 동사들은 **목적어를 2개** 필요로 합니다.

쉽게 이해하려면 이 동사들은 '**주는**' 느낌이 강합니다.

예를 들어 제가 '주려면' **2가지 요소**가 필요합니다.

받는 사람 (간접 목적어) ~에게

주는 물건 (직접 목적어) ~을, ~를

- Kevin gave her a present.

분석해 보겠습니다.

Kevin	케빈은	주어 (주는 사람)
give	준다	동사 (주는 행위)
her	그녀에게	간접 목적어 (받는 사람)
a present	선물을	직접 목적어 (주는 물건)

옆집 금쪽이 영문법

답을 찾아서 써 보세요.

● Mr. Kim teaches students math.

주어   _____은
동사   _____
간접 목적어   _____에게
직접 목적어   _____를

해석 (_____)

나만의 필기

① 명령문

명령문은 듣는 사람이 항상 You이기 때문에,

주어는 생략하고 바로 동사 원형이 나오면 됩니다.

부정 명령문은 긍정 명령문 앞에 Don't를 붙이면 됩니다.

긍정 명령

- Be quiet, please. (조용히 해 주세요.)
- Have a seat. (앉으세요.)
- Keep up the good work. (계속 잘해 주세요.)
- Listen carefully. (잘 들어 주세요.)

부정 명령

- Don't be late. (늦지 마세요.)
- Never give up. (절대 포기하지 마세요.)
- Don't walk on the grass. (잔디 위로 걷지 마세요.)
- Don't worry. (걱정 마세요.)

② 청유문

"~하자."라고 말할 때 쓰는 표현입니다.

- Let's go shopping tomorrow. (쇼핑 가자.)
- Let's take a walk in the park. (공원에서 산책을 하자.)
- Let's have pizza for dinner. (저녁으로 피자를 먹자.)

- How about ordering some pizza for lunch? (점심에 피자 시켜 먹는 건 어때?)
- How about watching a movie after dinner? (저녁 식사 후에 영화 보는 건 어때?)
- How about going to the beach this weekend? (이번 주말에 해변에 가는 건 어때?)

- What about trying a different hairstyle? (새로운 헤어스타일을 시도해 보는 건 어때?)
- What about having a picnic in the park? (공원에 소풍 가는 건 어때?)
- What about starting a book club with friends? (친구와 함께 북 클럽을 시작하는 건 어때?)

- Why not try a new hobby this year? (올해 새로운 취미를 시도해 보는 건 어때?)
- Why not challenge yourself with a marathon this year? (올해엔 마라톤 도전을 해 보는 건 어때?)
- Why not plan a surprise party for your friend's birthday? (친구의 생일을 위한 깜짝 파티를 계획해 보는 게 어때?)

Chapter

06 의문사 의문문

강의 영상 보기!

의문사 의문문 구조는 어렵지 않습니다.

이미 배운 동사들의 **의문문** 맨 앞쪽에 의미에 맞는 **의문사**만 넣어 주시면 됩니다.

의문사

How (어떻게)   What (무엇을)   Who (누가)   When (언제)   Where (어디서)   Why (왜)

의문사 + 의문문

예)

- 그는 누구야?

의문사 Who (누구)가 필요하고, **동사는 be (이다)** 동사입니다.

그렇다면 문장 구조는,

의문사 (Who) + be 동사 의문문 (be 동사 + 주어 + 보어?)

이 질문에 대한 답변이 보어가 될 거라서 보어는 필요가 없습니다.

<u>Who is he?</u>   He is my dad.

옆집 금쪽이 영문법

● 우린 언제 축구할 수 있어?

의문사 (When)이 필요하고, 할 수 있다 (조동사 can)이 필요합니다.

그러므로 문장 구조는

의문사 (When) + 조동사 의문문 (조동사 + 주어 + 동사 원형)?

When can we play soccer?

나만의 필기

나오는 글

▶ 강의 영상 보기

이 교재에 나오는 내용을 충분히 잘 이해하셨고,

마지막 연습 문제를 풀 수 있었다면,

여러분은 본격적인 영어 문법 수업을 들을 준비가 완벽하게 되었습니다.

이 교재에서 배운 내용을 바탕으로

다른 다양한 영어 공부(내신, 수능, 토익, 토플 등)를 하시면서

좀 더 복잡하고 어려운 내용을 차근차근 공부하시면 됩니다.

영어를 잘 공부해 두면,

항상 선택의 폭이 넓어집니다.

ChatGPT와 같은 인공지능의 발전 속도가

예측 가능하지 못할 만큼 빠른 시대가 왔습니다.

인공지능이 언어 문제를 해결해 줄 거라는 기대감에

영어 공부를 계속해야 하는지에 대한 의문이 들기도 합니다.

개인적인 의견입니다만 인공지능이 발전을 해도

어떤 분야에 대한 최소한의 지식 없이는

그 능력을 최대한으로 사용하기는 어려울 것 같습니다.

여러분이 이 교재를 공부하며

최소한의 문법 지식을 가지게 되었기를 진심으로 바랍니다.

감사합니다.

1. In a forest in Korea, a small bird named Bella lives.
    (한국의 숲에 벨라라는 이름을 가진 작은 새가 살고 있습니다.)

2. Because she is a little bird, she cannot fly high.
    (그녀는 작은 새이기 때문에 높이 날 수 없습니다.)

3. She often looks at the sky and really wants to touch the clouds.
    (그녀는 종종 하늘을 바라보고 정말 구름을 만져 보고 싶어 합니다.)

4. One day, she sees a box under a flower near her tree.
    (어느 날 그녀는 그녀의 나무 근처에 있는 꽃 아래에 있는 상자를 발견합니다.)

5. There is a book in the box.
    (그 상자 안에 책 한 권이 있습니다.)

6. Eden Eagle wrote it.
    (에덴 이글이 그것을 썼습니다.)

7. Bella loves reading and starts to read the book right away.
    (벨라는 읽기를 좋아하고 당장 그 책을 읽기 시작합니다.)

8. She learns about different ways to fly high in the sky.
    (그녀는 하늘 높이 날기 위한 여러 가지 다른 방법들을 배웁니다.)

9. With every page, her wish to fly grows stronger.
    (매 페이지를 통해 그녀의 날고 싶은 바람은 강해집니다.)

10. She reads the whole book in one sitting.
    (그녀는 한자리에서 책 전체를 읽습니다.)

11. Bella plans to try flying again tomorrow.

(벨라는 내일 다시 날아 보려고 계획합니다.)

12. The next morning, Bella stands on a branch.

(다음 날 벨라는 가지 위에 서 있습니다.)

13. She is ready and feels good.

(그녀는 준비가 되었고 기분이 좋습니다.)

14. She flaps her wings hard, but she falls onto the soft grass.

(그녀는 열심히 그녀의 날개를 퍼덕였지만 그녀는 부드러운 잔디 위로 떨어집니다.)

15. But Bella does not give up.

(그러나 벨라는 포기하지 않습니다.)

16. She gets up and tries again.

(그녀는 일어나서 다시 시도합니다.)

17. She falls on the grass again.

(그녀는 또 잔디 위에 떨어집니다.)

18. Bella is frustrated but never gives up.

(벨라는 좌절하지만 결코 포기하지 않습니다.)

19. She tries again and again until she can fly and touch the clouds.

(그녀는 그녀가 하늘을 날아 구름을 만질 수 있을 때까지 계속해서 시도합니다.)

20. Bella finally flies high into the sky.

(벨라는 마침내 하늘 높이 날아올라 갑니다.)

21. She looks down at her forest home from above with joy.

(그녀는 하늘 위에서 기쁨으로 그녀의 숲 집을 내려다봅니다.